Danielle Simard

Illustrations : Marc Mongeau

Directrice de collection : Denise Gaouette

Rat de bibliothèque

Données de catalogage avant publication (Canada)

Simard, Danielle, 1952-

Croque et Pique!

(Rat de bibliothèque. Série jaune ; 7)
Pour enfants de 6-7 ans.

ISBN 978-2-7613-1701-6

1. Mongeau, Marc. II. Titre. III. Collection : Rat de bibliothèque (Saint-Laurent, Québec).
Série jaune ; 7.

PS8587.I287C76 2004   jC843'.54   C2004-941635-9
PS9587.I287C76 2004

Dépôt légal : 4e trimestre 2004
Bibliothèque nationale du Québec
Bibliothèque nationale du Canada

IMPRIMÉ AU CANADA   4567890 EMP 14 13 12 11 10
                                      10640 ABCD   GM16

Maman organise une grande fête
pour mes 8 ans.
Maman me dit :
— Ce sera le plus beau jour de ta vie.

Maman se trompe.
Je reçois des cadeaux bizarres.
Et Ludovic, mon meilleur ami,
ne me donne rien.
Pas même un bisou!

 4

Bien sûr, je ne pense pas recevoir
le chien que j'ai demandé.
Papa n'aime pas les animaux.
Mon amie Charlotte ne le sait pas.
Elle me donne un hamster.

J'ouvre la boîte. Elle est vide.
Charlotte m'a donné un cadeau qui croque.
Et il a croqué un coin de sa boîte !
Mon père crie :
— Vite ! Il faut trouver cette petite bête.

 6

Tout le monde cherche.
Sauf Ludovic ! Il reste couché sur le sofa.
Il a l'air aussi mou que les coussins.

Catherine se glisse sous la table.
Elle n'aurait pas dû.
Quand Catherine ressort, la nappe la suit.

Mon frère se met à pleurer.
Parce qu'il n'y a plus de goûter.
Parce qu'un hamster se cache dans la maison.
Parce qu'un hamster va lui grignoter
les orteils pendant la nuit.

Heureusement, il reste le gâteau.
Papa allume les bougies.
Il s'avance en chantant.
À cet instant, le hamster lui passe
entre les jambes.

Le feu prend dans les rideaux.
Tout le monde court.
Tout le monde crie.
Sauf Ludovic! Il dort toujours.

La fumée fait pleurer tout le monde.
Mes amis partent vite.
Même Ludovic! Mes amis l'ont réveillé.

— Enfin, c'est fini !
dit maman.
Maman se trompe encore.

— Reste assise, ma chérie.
   Je vais te préparer un thé,
   dit papa.
Papa fait seulement trois pas.
Au quatrième pas, le hamster lui passe
entre les jambes.

Une semaine plus tard...

Papa est en congé, et moi aussi.
Je sais maintenant que Ludovic
m'a donné un cadeau secret.
Et quel cadeau !

Le docteur me l'a dit.
Ludovic m'a donné un cadeau qui pique.
Ludovic m'a donné la varicelle.